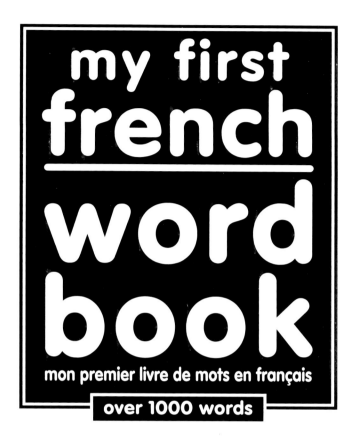

my first french word book

mon premier livre de mots en français

over 1000 words

Angela Wilkes and Annie Frankland

DK

DORLING KINDERSLEY
LONDON • NEW YORK • MUNICH • MELBOURNE • DELHI
www.dk.com

Note to parents and teachers

My First French Word Book is an exciting introduction to learning a new language. Featuring over 1000 colour illustrations of familiar objects, it has been designed to help your child learn everyday words in French. If your child is beginning French with this book, start by talking about the language. Who speaks French? Where is it spoken? Get into the mood by speaking the French words that your child already knows or by singing a song in French. Listen to some French on the radio or on television.

Using this book

When looking at this book with children who cannot read in English, begin by talking about and naming objects in English. Then you can introduce the French words for these things.

For children who can read in English, read the English words together, and then let them listen to you say the French word. After you have repeated it several times, let your child read the word with you, and then alone. Motivate your child by congratulating him or her on a success; use "Bravo" or "Bien" when it's justified.

As you look at each page, encourage children who have already begun learning French to tell you any words they already know. Then you can introduce new French vocabulary.

If your child makes a mistake, don't point it out. Instead, repeat the word again correctly. Your child will hear the difference and will soon adjust his or her pronunciation.

French words

Let children absorb each word and the article as a whole: "le front, la bouche, l'oeil, les dents". This leads to developing a natural feel for which article goes with each word. When children ask about the differences, explain that French words are categorised as being either masculine or feminine. Remember that this will be a new concept for your child and that the categories are not logical; there are some surprises.

Those children who are familiar with reading French may ask why some letters are written differently, with additional pronunciation marks or accents. Each of the different marks show that the sound of a letter has changed.

Playing games

Play a simple number or word game in French.
1 Count in twos. "Compte. Deux, quatre, six" etc.
2 Count, and replace every five-related number (e.g. 5, 10, 15) with a clap. "Ecoute. Un, deux, trois" etc.
3 Play a game naming the parts of the body listed on pages 4-5. Use the command "Touche" (touch). "Touche la bouche", etc.
4 A similar identification game can be played with colours on page 56. "Touche le vert" etc.

Pronunciation

The best way to help your child begin to speak French is to use your own spoken French. If you want to teach French and don't know any, work out the pronunciation beforehand from a French dictionary or recording. Alternatively, ask a friend who speaks French to help.

Explain to children that many French sounds are different because French speakers use their lips, tongue, throat, and nose in special ways. Sing the French alphabet together and point out that some letters sound different in French: "h" (hache), "y" (igrec), "u" (rounded lip shape), "r" (from the throat).

Even if you are shy about your French, your encouragement and enthusiasm are just as important as "native speaker" pronunciation in the initial stages. Having a positive attitude is the key to getting on in French, and this approach will build your child's confidence in speaking and understanding the language.

Opal Dunn
Consultant in Bilingual Education

See our complete catalogue at
www.dk.com

Art Editor Penny Britchfield
Editors Monica Byles, Sheila Hanly, Stella Love
Production Jayne Wood
Managing Editor Jane Yorke
Art Director Roger Priddy

Photography Dave King and Tim Ridley
Illustrations Pat Thorne
Reading Consultants Opal Dunn and Betty Root

Published in Great Britain in 1993
by Dorling Kindersley Limited,
80 Strand, London WC2R 0RL
This edition published in 1999

10 9 8 7 6 5 4 3 2

Copyright © 1993, 1999 Dorling Kindersley Limited, London

Photography (dog, pig, piglets, ducks on pages 36-37; pony on page 39; camel, penguin on page 41) copyright © 1991 Philip Dowell. Photography (toad on page 32; lion, crocodile on pages 40-41) copyright © 1990 Jerry Young.

A CIP catalogue record for this book is available from the British Library.

ISBN 0-7513-5030-3

Colour reproduction by Colourscan
Printed and bound in Italy by L.E.G.O.

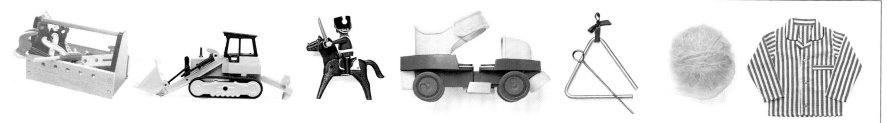

Contents

La table des matières

C'est moi!

All about me

Mon visage
My face

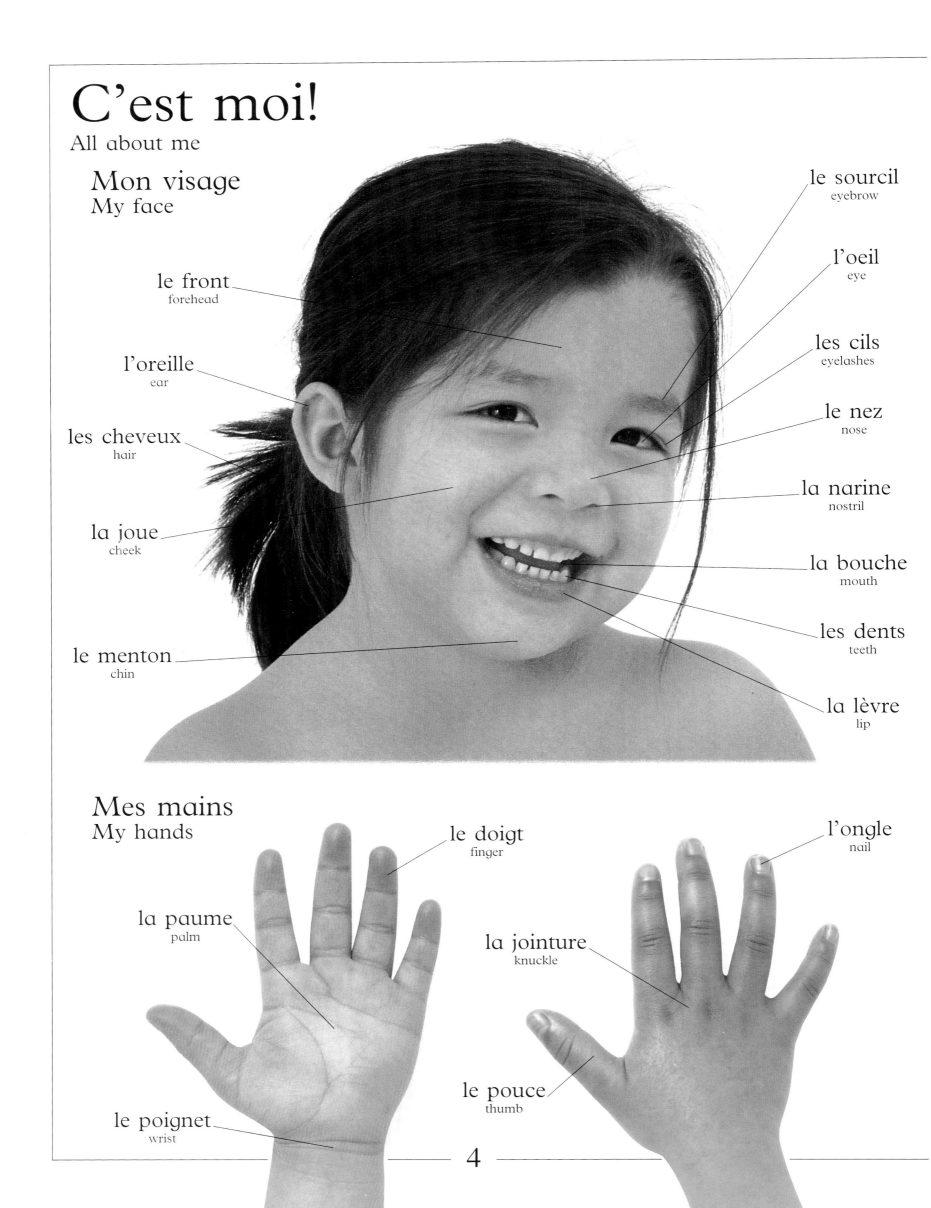

le front
forehead

l'oreille
ear

les cheveux
hair

la joue
cheek

le menton
chin

le sourcil
eyebrow

l'oeil
eye

les cils
eyelashes

le nez
nose

la narine
nostril

la bouche
mouth

les dents
teeth

la lèvre
lip

Mes mains
My hands

le doigt
finger

l'ongle
nail

la paume
palm

la jointure
knuckle

le pouce
thumb

le poignet
wrist

Mon corps
My body

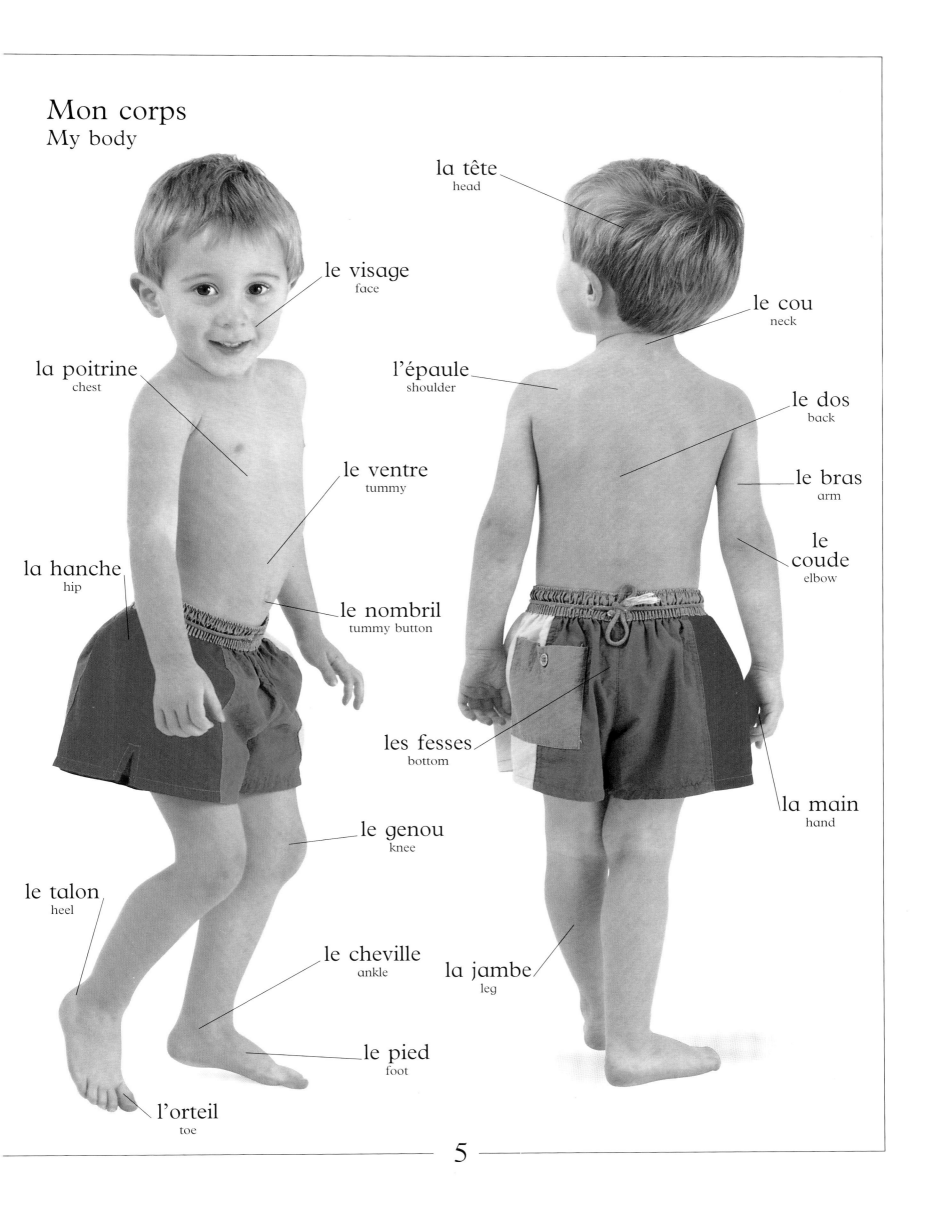

la tête
head

le visage
face

le cou
neck

la poitrine
chest

l'épaule
shoulder

le dos
back

le ventre
tummy

le bras
arm

la hanche
hip

le coude
elbow

le nombril
tummy button

les fesses
bottom

la main
hand

le genou
knee

le talon
heel

le cheville
ankle

la jambe
leg

le pied
foot

l'orteil
toe

5

Mes habits

My clothes

les boutons
buttons

le cardigan
cardigan

l'anorak
anorak

la boucle
buckle

la ceinture
belt

le pantalon
trousers

les bretelles
braces

le jean
jeans

le slip
pants

le pyjama
pyjamas

la salopette
dungarees

le chapeau
de paille
straw hat

le bonnet
woolly hat

le tee-shirt
T-shirt

le collier
necklace

la montre
watch

les chaussettes
socks

les pantoufles
slippers

le short
shorts

les chaussures
shoes

les tennis
trainers

les sandales
sandals

la culotte
knickers

le maillot de corps
vest

6

le sweat-shirt
sweatshirt

le cintre
hanger

le jupon
petticoat

le manteau
coat

le survêtement
tracksuit

la jupe
skirt

l'écharpe
scarf

la chemisette
shirt

la robe
dress

la robe
de chambre
dressing gown

le chemise de nuit
nightdress

la casquette
cap

la combinaison
snowsuit

l'imperméable
raincoat

les moufles
mittens

les bottes
wellington boots

les gants
gloves

le parapluie
umbrella

le pull
jumper

le collant
tights

7

À la maison

At home

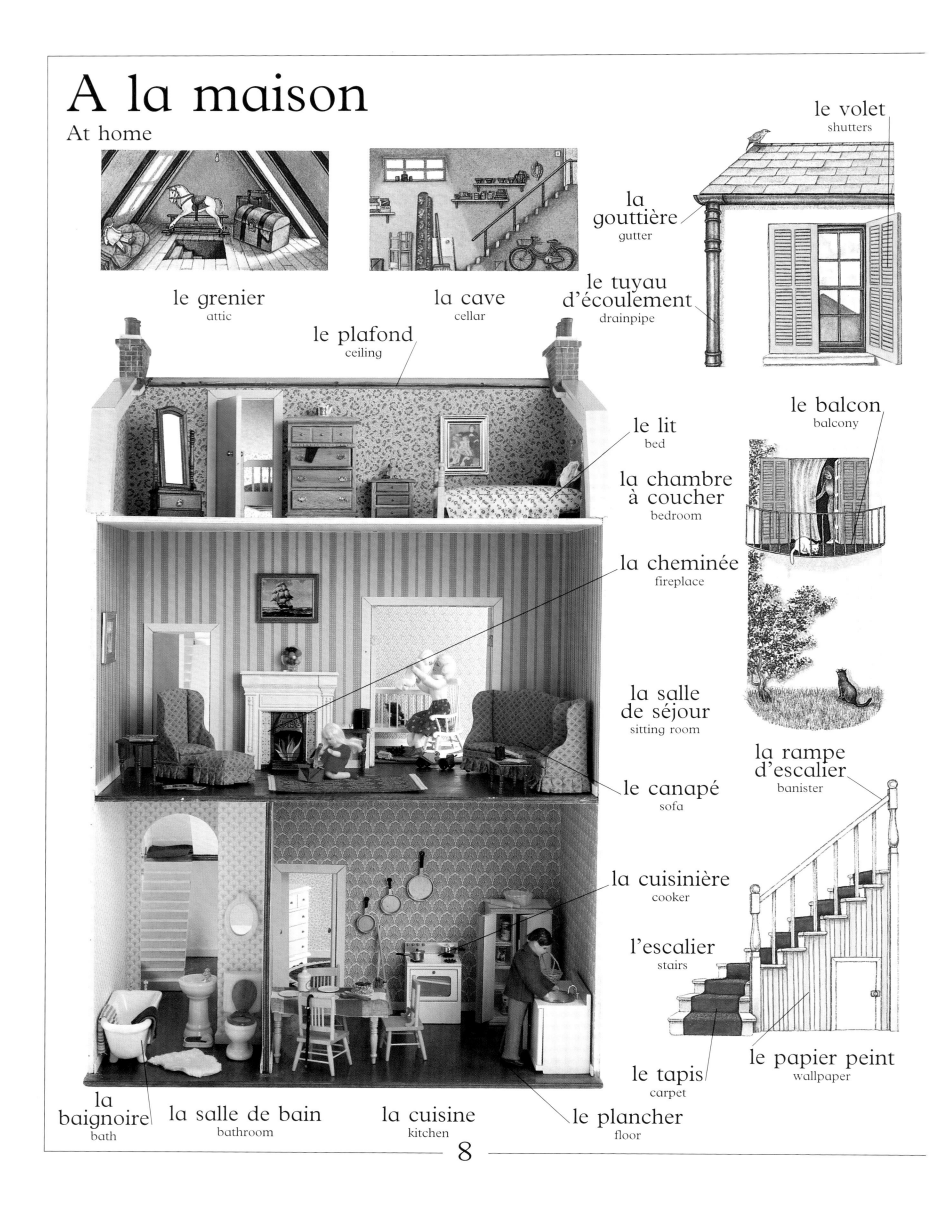

le grenier
attic

la cave
cellar

le volet
shutters

la gouttière
gutter

le tuyau
d'écoulement
drainpipe

le plafond
ceiling

le lit
bed

le balcon
balcony

la chambre
à coucher
bedroom

la cheminée
fireplace

la salle
de séjour
sitting room

la rampe
d'escalier
banister

le canapé
sofa

la cuisinière
cooker

l'escalier
stairs

le papier peint
wallpaper

le tapis
carpet

la
baignoire
bath

la salle de bain
bathroom

la cuisine
kitchen

le plancher
floor

le garage
garage

la haie
hedge

l'allée
drive

le porche
porch

les marches
steps

la cheminée
chimney

le toit
roof

la fenêtre
window

le bac à fleurs
window box

le mur
wall

la porte
front door

le rebord de fenêtre
windowsill

La famille
A family

le grand-père
grandfather

la grand-mère
grandmother

le père
father

la mère
mother

la soeur
sister

le frère
brother

le chat
cat

9

Les objets familiers Things around the house

le téléphone
telephone

le séchoir
à cheveux
hairdryer

le canapé
sofa

les rideaux
curtains

le radiateur
radiator

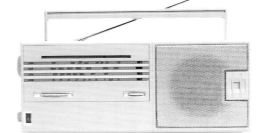

la radio
radio

le livre
book

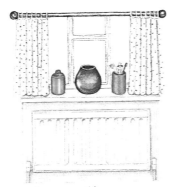

le tableau
picture

l'aspirateur
vacuum cleaner

le baladeur
personal stereo

le tabouret
stool

la bibliothèque
bookcase

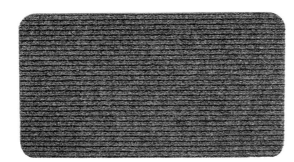

le paillasson
doormat

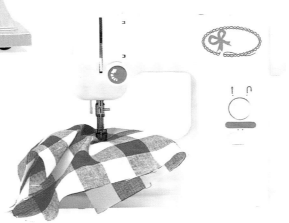

la machine à coudre
sewing machine

le fauteuil
armchair

la télévision
television

la lampe
lamp

la couette
duvet

la commode
chest of drawers

le lit
bed

les clés
keys

le réveil
clock

la couverture
blanket

le bandage élastique
bandage

l'ordinateur
computer

l'oreiller
pillow

les pansements
plasters

le sirop
medicine

la table
table

le thermomètre
thermometer

le coussin
cushion

le placard
wardrobe

l'ampoule
light bulb

la chaise
chair

Tout pour cuisiner Things for cooking

le rouleau à pâtisserie
rolling pin

la poêle
frying pan

les gants
de caoutchouc
rubber gloves

le coquetier
egg cup

la balayette
brush

la pelle
dustpan

la carafe
jug

le mixeur
food mixer

la balance
weighing scales

l'assiette
plate

le réfrigérateur
fridge

le four
oven

la cuisinière
cooker

le set de table
place mat

la serviette
de table
napkin

le gant
de cuisine
oven glove

le couteau
knife

la fourchette
fork

le tablier
apron

le balai
broom

la passoire
sieve

la cuillère
spoon

la bouilloire
kettle

la machine à laver
washing machine

le verre
glass

le bol de céréales
bowl

la grande tasse
mug

la passoire
colander

la tasse
cup

la soucoupe
saucer

les allumettes
matches

l'évier
sink

l'égouttoir
draining board

la théière
teapot

le moule à gâteau
cake tin

la casserole
saucepan

la poubelle
bin

le placard
cupboard

les moules à biscuit
biscuit cutters

la planche à repasser
ironing board

le grand bol
mixing bowl

la chaise de bébé
high chair

le fer à repasser
iron

13

A manger et à boire Things to eat and drink

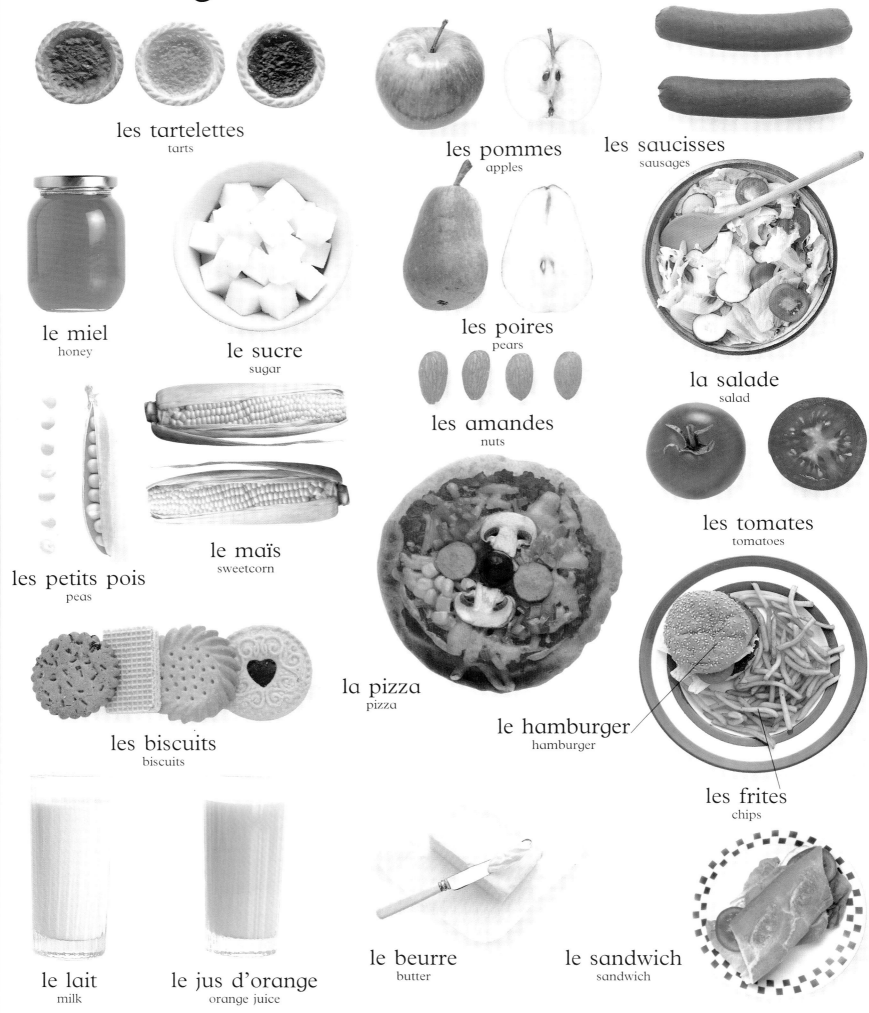

les tartelettes
tarts

les pommes
apples

les saucisses
sausages

le miel
honey

le sucre
sugar

les poires
pears

la salade
salad

les amandes
nuts

les petits pois
peas

le maïs
sweetcorn

les tomates
tomatoes

la pizza
pizza

les biscuits
biscuits

le hamburger
hamburger

les frites
chips

le lait
milk

le jus d'orange
orange juice

le beurre
butter

le sandwich
sandwich

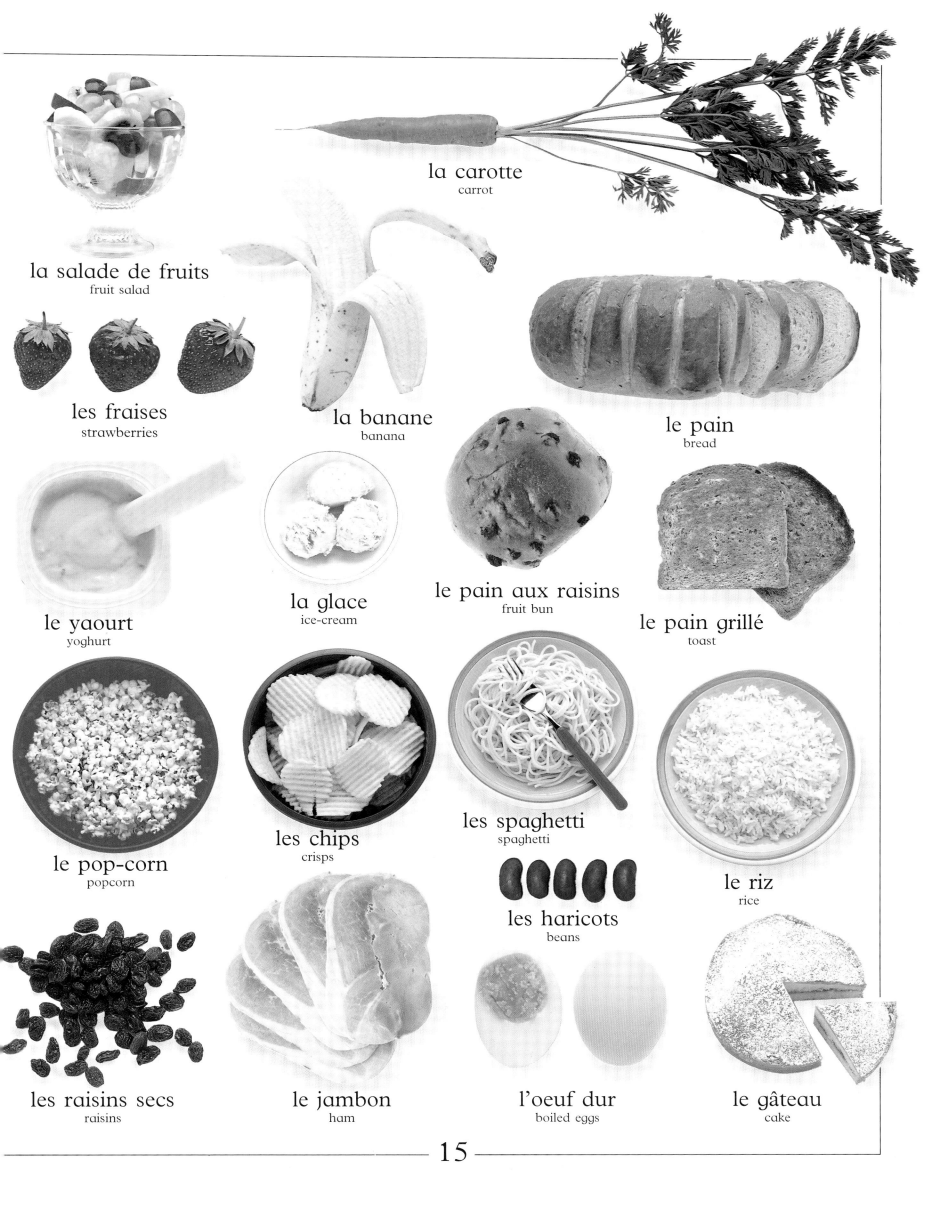

la salade de fruits
fruit salad

la carotte
carrot

les fraises
strawberries

la banane
banana

le pain
bread

le yaourt
yoghurt

la glace
ice-cream

le pain aux raisins
fruit bun

le pain grillé
toast

le pop-corn
popcorn

les chips
crisps

les spaghetti
spaghetti

le riz
rice

les haricots
beans

les raisins secs
raisins

le jambon
ham

l'oeuf dur
boiled eggs

le gâteau
cake

Dans la salle de bains
In the bathroom

la trousse de maquillage
make-up bag

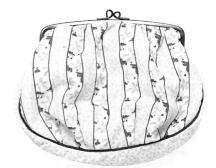

la pâte dentifrice
toothpaste

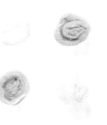

la brosse à dents
toothbrush

les boules de coton
cotton wool balls

le robinet
tap

les éponges
sponges

le serre-tête
hairband

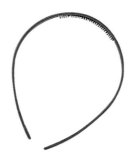

la serviette
towel

le lavabo
washbasin

les rubans
ribbons

le déodorant
deodorant

le parfum
perfume

la barrette
hair slide

le peigne
comb

la brosse
hairbrush

le shampooing
shampoo

l'eau
water

la baignoire
bath

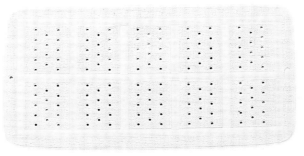

le tapis de bain
bath mat

la poudre
powder

le pot
potty

le maquillage
make-up

les mouchoirs
en papier
tissues

le rasoir
razor

le savon
soap

le blaireau
shaving brush

les toilettes   la douche
toilet   shower

le rasoir
électrique
electric razor

la grenouille
toy frog

le canard
toy duck

le miroir   la brosse à ongles
mirror   nailbrush

le gant de toilette
face flannel

la mousse à raser
shaving foam

le rouge
à lèvres
lipstick

les bulles
bubbles

le coton-tige
cotton buds

le pot de crème
pot of cream

le bain moussant
bubble bath

Dans le jardin In the garden

la fourche
fork

la fleur
flower

le pétale
petal

la tige
stem

le déplantoir
trowel

les tuteurs
canes

le sécateur
secateurs

la pelouse
lawn

la tondeuse
lawnmower

les pots à fleurs
flowerpots

la rose
rose

la ficelle
string

la guêpe
wasp

la terre
soil

les bulbes
bulbs

la coccinelle
ladybird

les pensées
pansies

le tournesol
sunflower

18

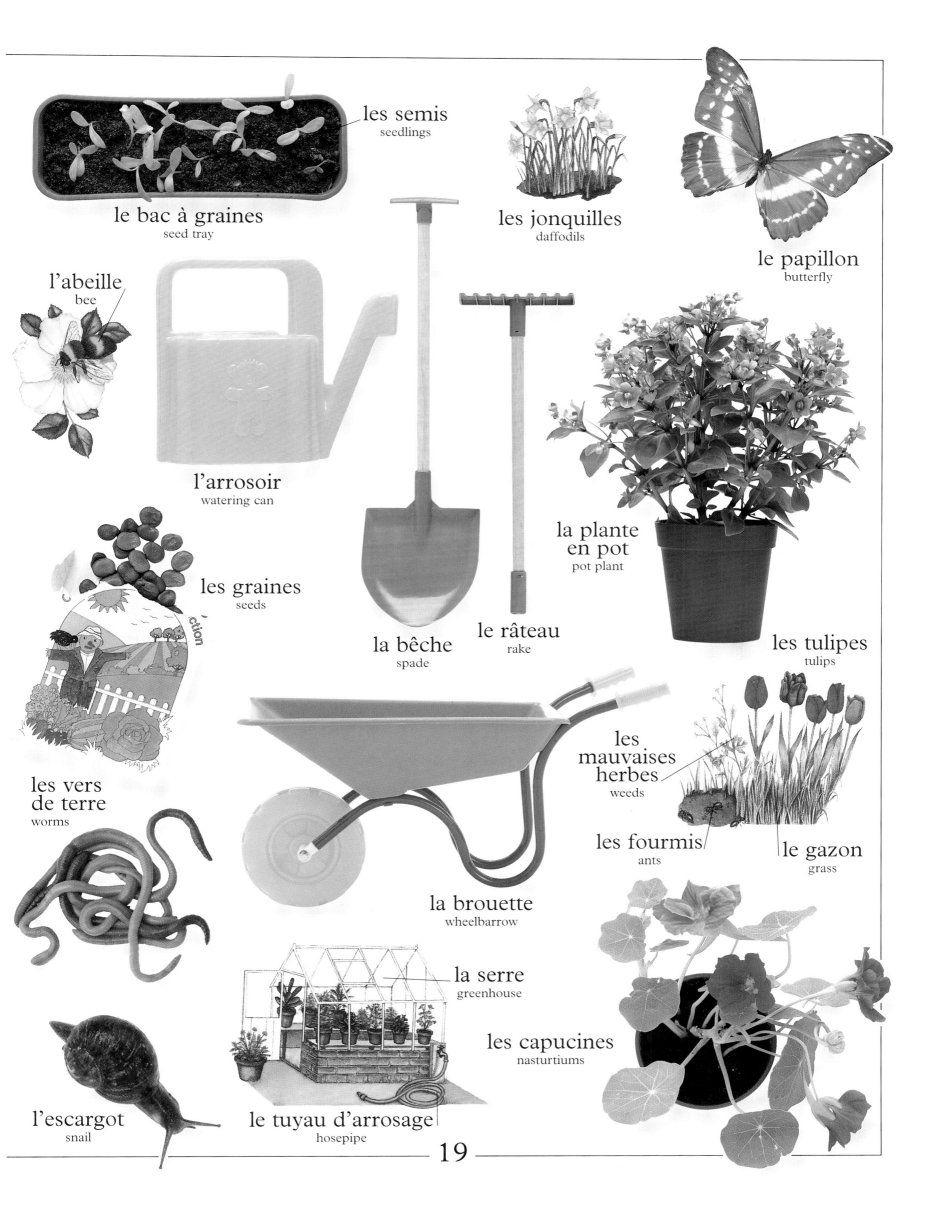

les semis
seedlings

le bac à graines
seed tray

les jonquilles
daffodils

le papillon
butterfly

l'abeille
bee

l'arrosoir
watering can

la plante
en pot
pot plant

les graines
seeds

la bêche
spade

le râteau
rake

les tulipes
tulips

les vers
de terre
worms

les
mauvaises
herbes
weeds

les fourmis
ants

le gazon
grass

la brouette
wheelbarrow

la serre
greenhouse

les capucines
nasturtiums

l'escargot
snail

le tuyau d'arrosage
hosepipe

19

Le bricolage

In the toolshed

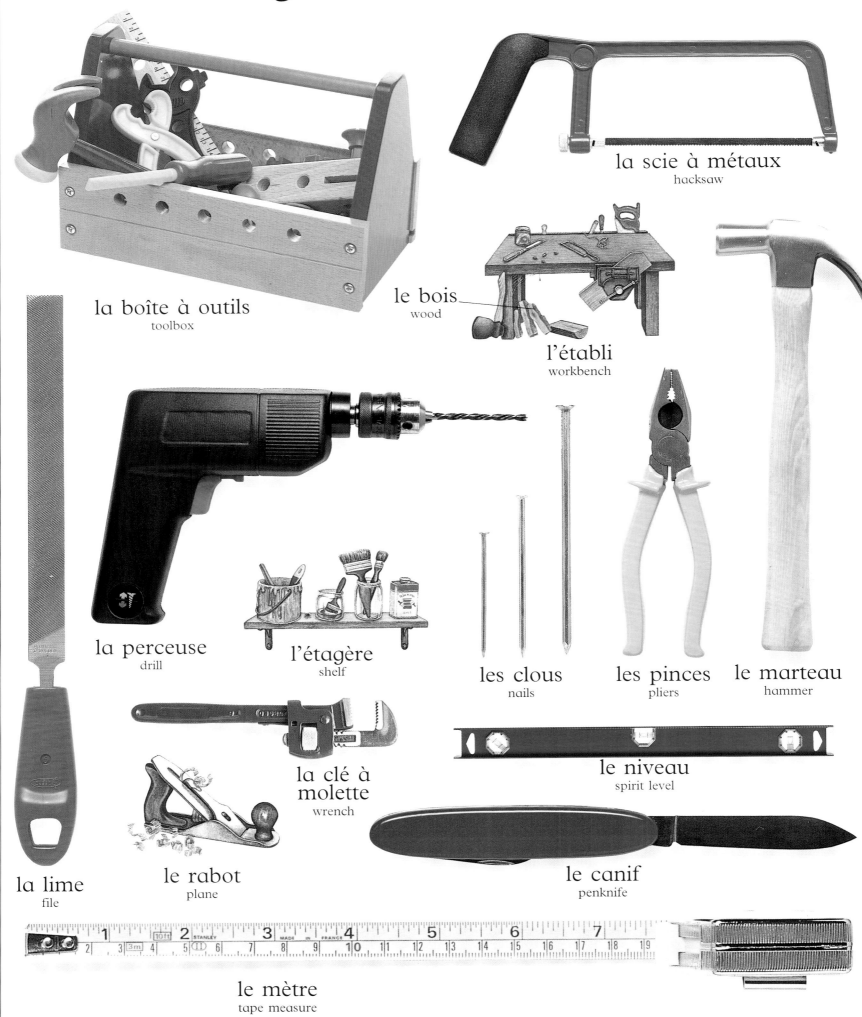

la boîte à outils
toolbox

la scie à métaux
hacksaw

le bois
wood

l'établi
workbench

la lime
file

la perceuse
drill

l'étagère
shelf

les clous
nails

les pinces
pliers

le marteau
hammer

le rabot
plane

la clé à molette
wrench

le niveau
spirit level

le canif
penknife

le mètre
tape measure

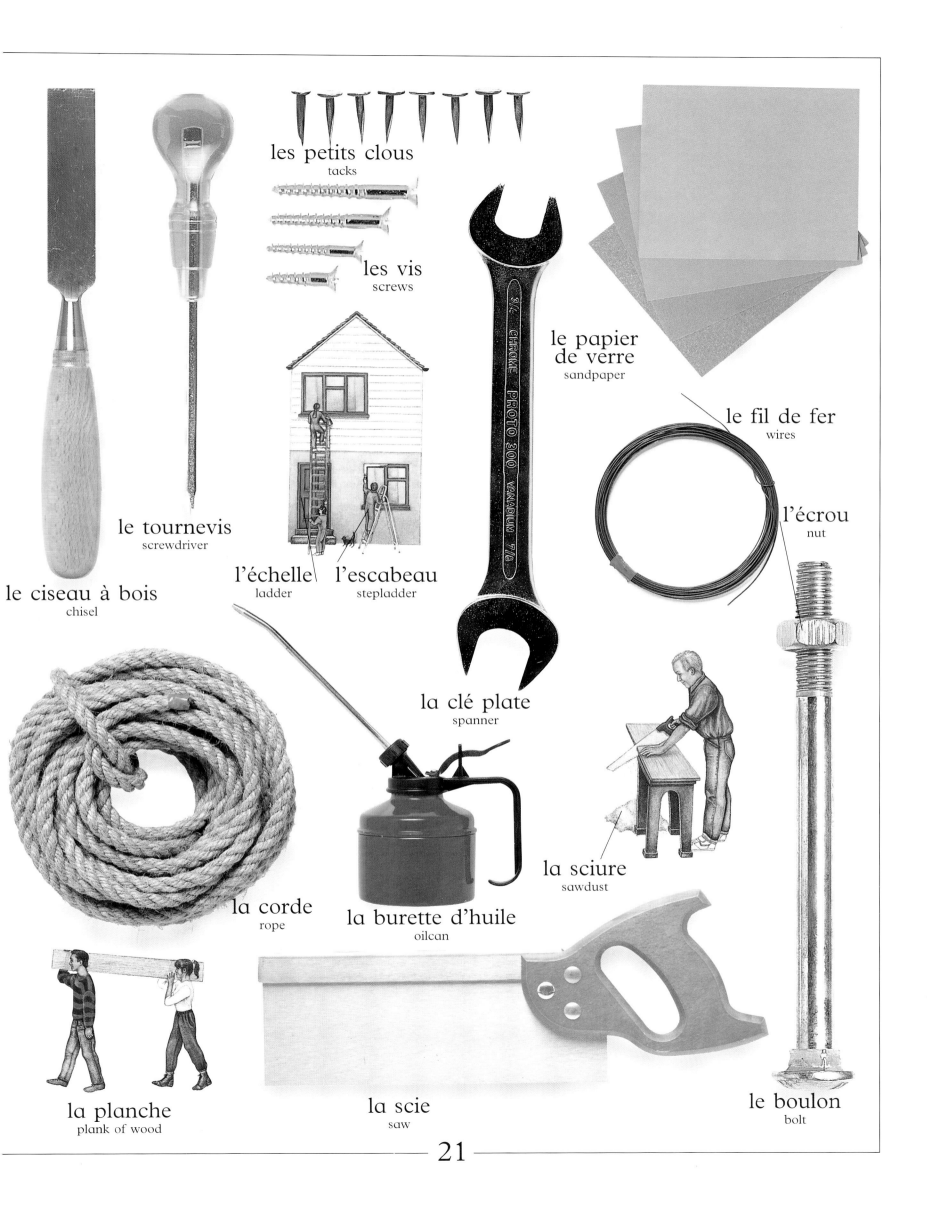

les petits clous
tacks

les vis
screws

le papier
de verre
sandpaper

le fil de fer
wires

l'écrou
nut

le tournevis
screwdriver

l'échelle
ladder

l'escabeau
stepladder

le ciseau à bois
chisel

la clé plate
spanner

la corde
rope

la burette d'huile
oilcan

la sciure
sawdust

la planche
plank of wood

la scie
saw

le boulon
bolt

21

En ville

In town

la pompe à essence
petrol pump

la station-service
garage

la piscine
swimming pool

l'hôtel de ville
town hall

le théâtre
theatre

le restaurant
café

le cinéma
cinema

la cabine téléphonique
telephone box

l'immeuble
block of flats

la voiture des quatre saisons
barrow

l'étal
market stall

le marché
market

22

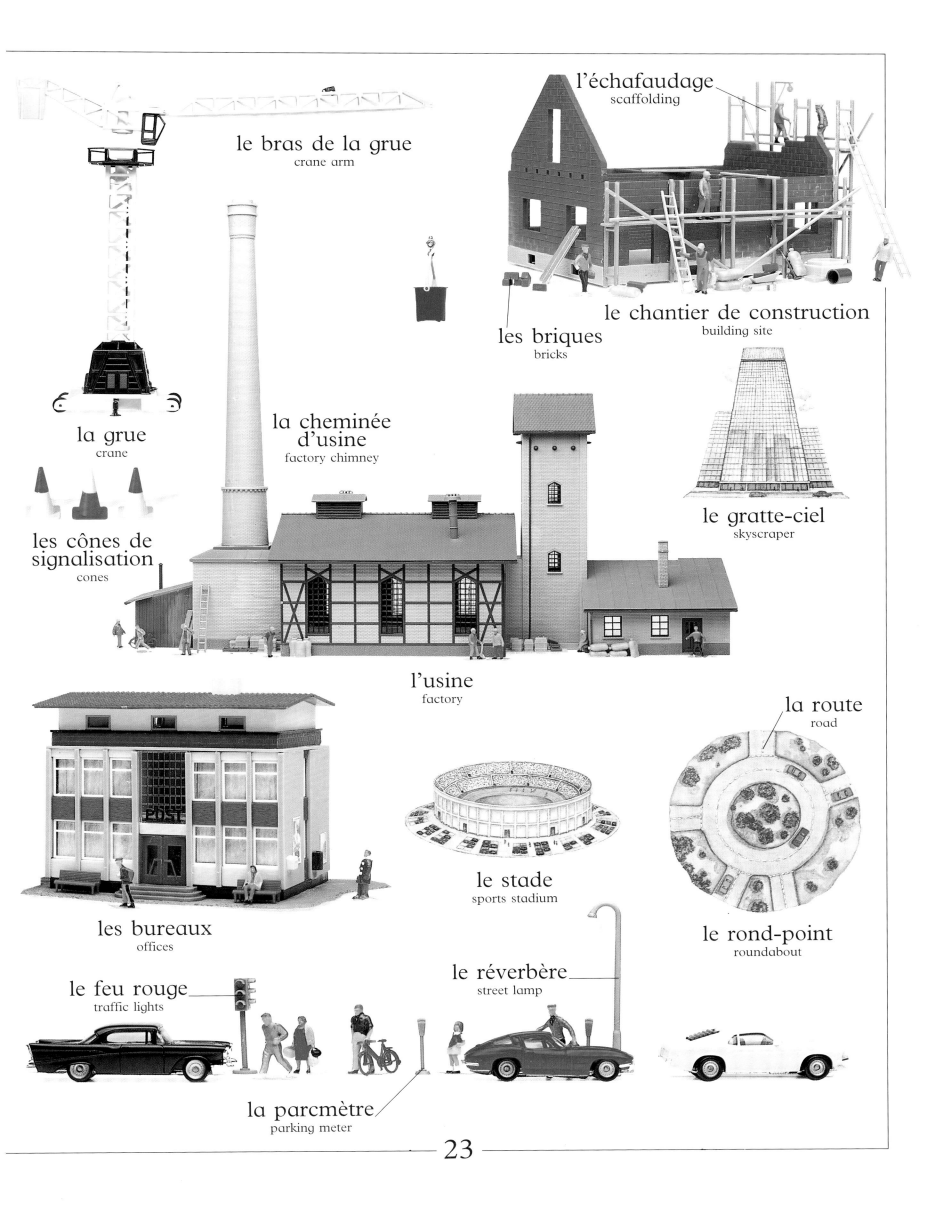

le bras de la grue
crane arm

l'échafaudage
scaffolding

les briques
bricks

le chantier de construction
building site

la grue
crane

la cheminée
d'usine
factory chimney

le gratte-ciel
skyscraper

les cônes de
signalisation
cones

l'usine
factory

les bureaux
offices

le stade
sports stadium

la route
road

le rond-point
roundabout

le feu rouge
traffic lights

le réverbère
street lamp

la parcmètre
parking meter

23

Au parc
At the park

le panier
picnic basket

la statue
statue

le banc
bench

la fontaine
fountain

le parterre de fleurs
flowerbed

la poussette
buggy

le pique-nique
picnic

les enfants
children

le tricycle
tricycle

le cerf-volant
kite

le bac à sable
sandpit

les patins à
roulettes
roller skates

les balles à jongler
juggling balls

la corde à sauter
skipping rope

la planche à roulettes
skateboard

le jeune cygne
cygnet

le cygne
swan

la cage à écureuils
climbing frame

la balançoire
swing

le toboggan
slide

la bascule
seesaw

les pigeons
pigeons

le vendeur de glace
ice-cream van

le landau
pram

la bouteille
Thermos
flask

le goûter
packed lunch

25

Au supermarché
At the supermarket

le panier à provisions
shopping basket

les céréales
cereal

l'huile
vegetable oil

les bonbons
sweets

le détergent
washing-up liquid

la farine
flour

le café
coffee

la viande
meat

le poisson
fish

le pot de confiture
jam

le papier de toilette
toilet rolls

Les fruits
Fruit

les raisins
grapes

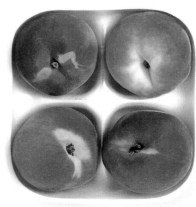
les pêches
peaches

les cerises
cherries

l'ananas
pineapple

le citron
lemon

l'orange
orange

les framboises
raspberries

la pastèque
watermelon

26

la tablette de chocolat
chocolate

le chariot
trolley

la lessive
washing powder

les bouteilles
bottles

le fromage
cheese

le porte-monnaie
purse

l'argent
money

le carton
box

l'aubergine
aubergine

Les légumes
Vegetables

les haricots verts
green beans

le céléri
celery

le poivron vert
green pepper

l'oignon
onion

les courgettes
courgettes

le chou
cabbage

les pommes de terre
potatoes

le concombre
cucumber

la salade
lettuce

Les voitures
Cars

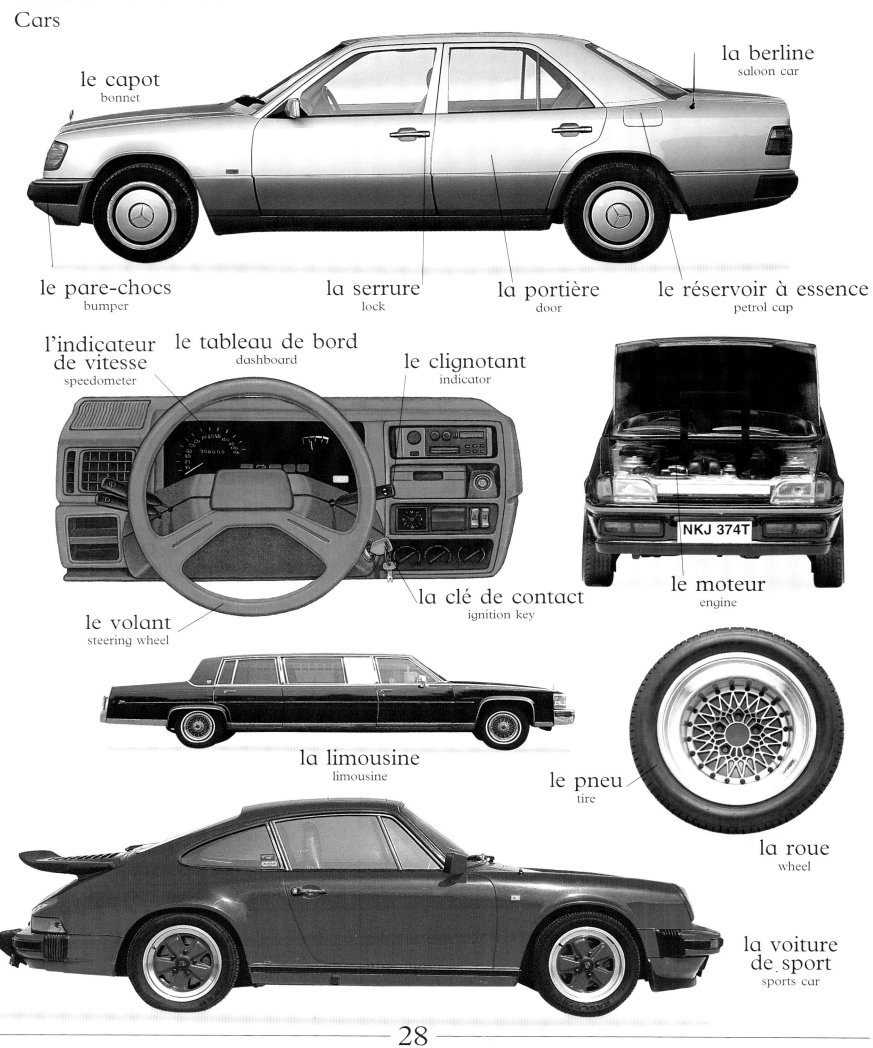

le capot
bonnet

la berline
saloon car

le pare-chocs
bumper

la serrure
lock

la portière
door

le réservoir à essence
petrol cap

l'indicateur
de vitesse
speedometer

le tableau de bord
dashboard

le clignotant
indicator

le volant
steering wheel

la clé de contact
ignition key

le moteur
engine

la limousine
limousine

le pneu
tire

la roue
wheel

la voiture
de sport
sports car

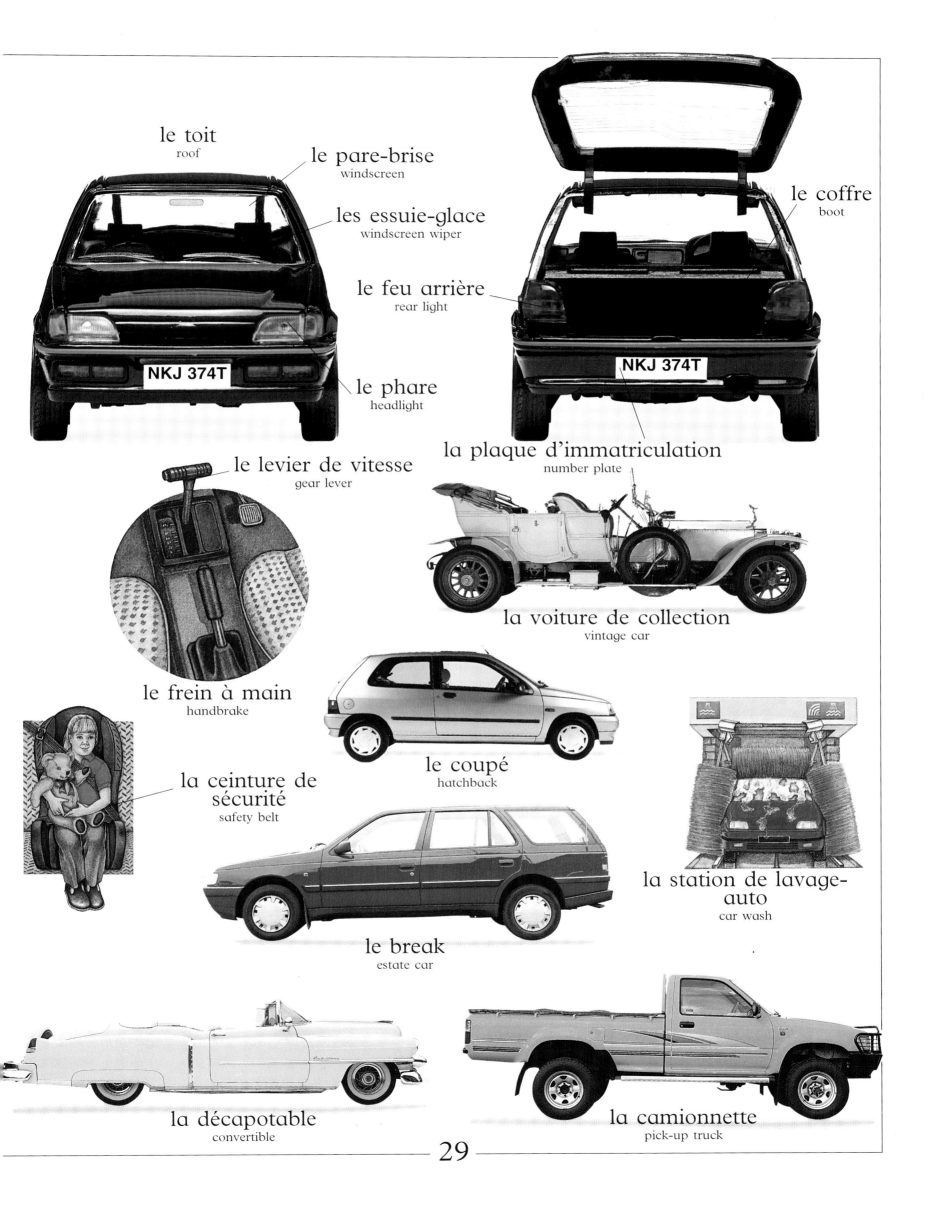

le toit
roof

le pare-brise
windscreen

les essuie-glace
windscreen wiper

le feu arrière
rear light

le phare
headlight

le coffre
boot

la plaque d'immatriculation
number plate

NKJ 374T

NKJ 374T

le levier de vitesse
gear lever

le frein à main
handbrake

la voiture de collection
vintage car

la ceinture de sécurité
safety belt

le coupé
hatchback

le break
estate car

la station de lavage-auto
car wash

la décapotable
convertible

la camionnette
pick-up truck

29

Tout ce qui bouge

Things that move

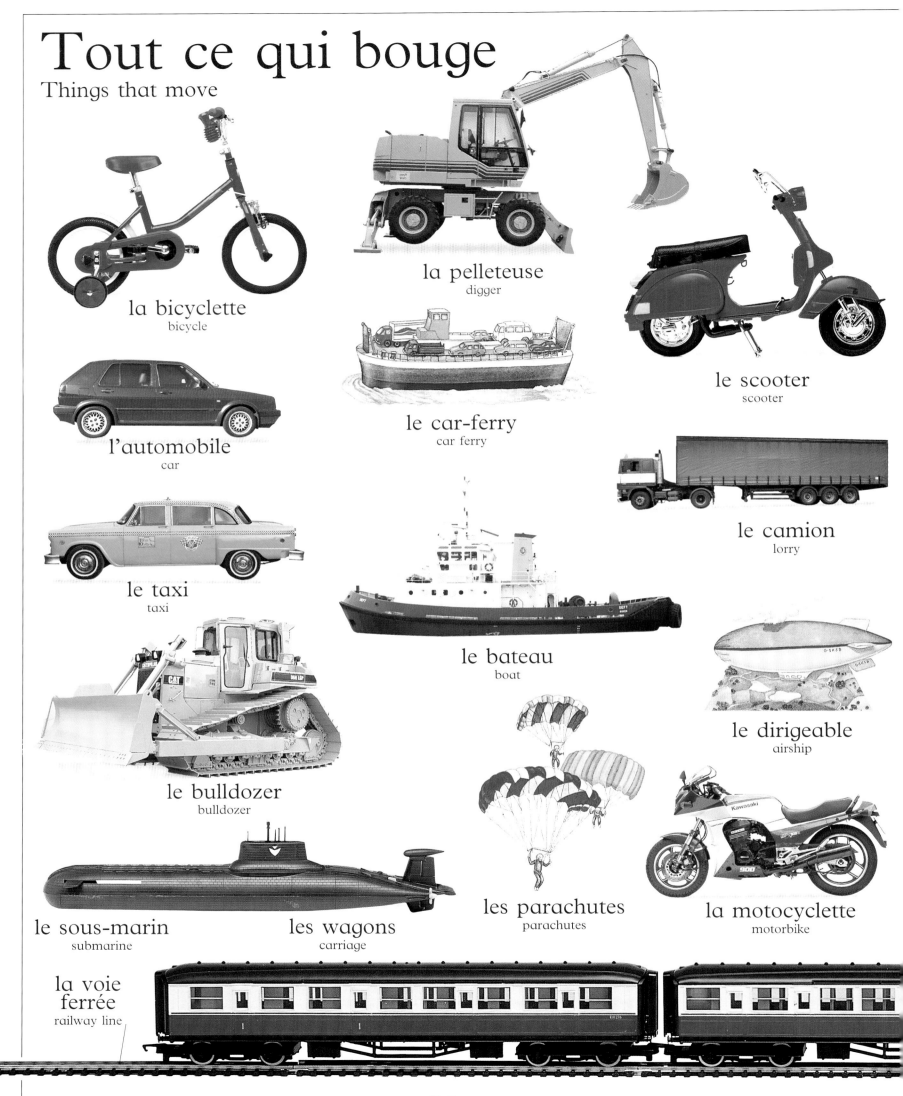

la bicyclette
bicycle

la pelleteuse
digger

le scooter
scooter

l'automobile
car

le car-ferry
car ferry

le camion
lorry

le taxi
taxi

le bateau
boat

le bulldozer
bulldozer

le dirigeable
airship

le sous-marin
submarine

les wagons
carriage

les parachutes
parachutes

la motocyclette
motorbike

la voie
ferrée
railway line

la montgolfière
hot-air balloon

le deltaplane
hang glider

l'avion
aeroplane

l'ambulance
ambulance

la voiture de police
police car

la camionnette
van

l'aéroport
airport

le planeur
glider

le camion de pompiers
fire engine

le camion á benne
dumper truck

la voiture de course
racing car

l'hélicoptère
helicopter

la fusée
rocket

le car
coach

le train
train

la locomotive
engine

A la campagne

In the country

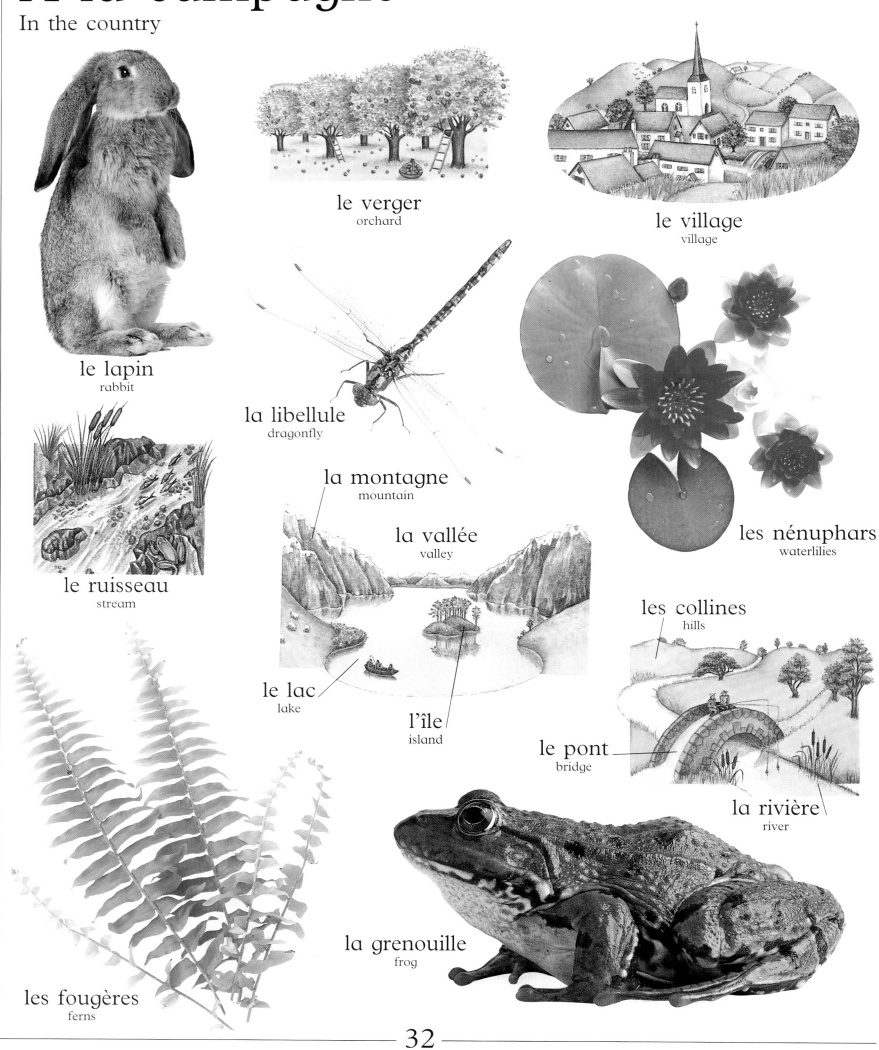

le lapin
rabbit

le verger
orchard

le village
village

la libellule
dragonfly

les nénuphars
waterlilies

le ruisseau
stream

la montagne
mountain

la vallée
valley

le lac
lake

l'île
island

les collines
hills

le pont
bridge

la rivière
river

les fougères
ferns

la grenouille
frog

les champignons
mushrooms

la route
road

les mûres
blackberries

le renard
fox

la caravane
caravan

la tente
tent

le camping
campsite

Les fleurs sauvages
Wild flowers

la cascade
waterfall

le pissenlit
dandelion

les boutons d'or
buttercups

les marguerites
daisies

Dans les bois
In the woods

l'arbre
tree

la plante
en fleur
blossom

les glands
acorns

les prunes
plums

les pommes
de pin
pine cones

les aiguilles de pin
fir needles

les baies
berries

l'écureuil
squirrel

la branche
twig

les oeufs
d'oiseau
bird's eggs

l'oiseau
bird

le nid d'oiseau
bird's nest

la branche
branch

les
oisillons
chicks

le hibou
owl

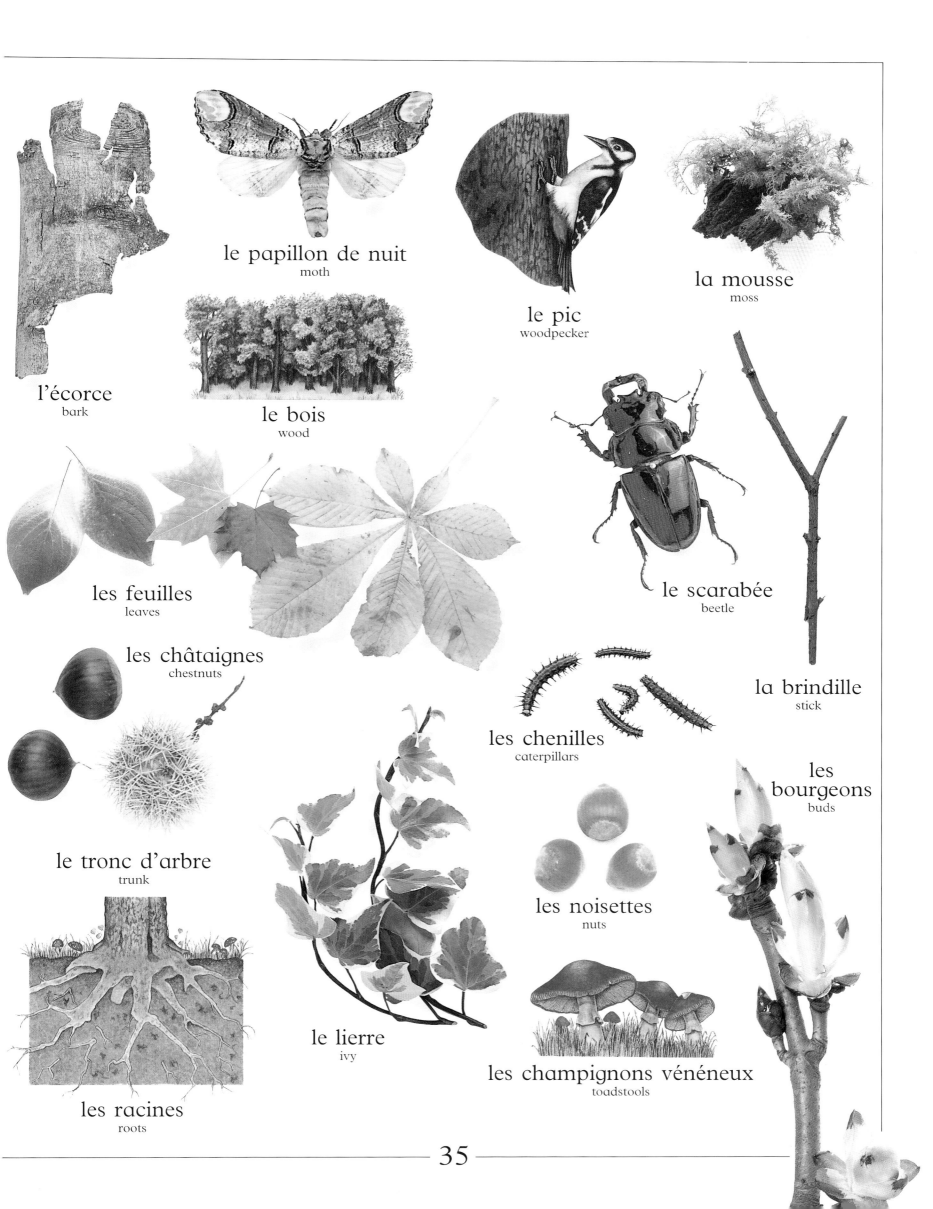

l'écorce
bark

le papillon de nuit
moth

le pic
woodpecker

la mousse
moss

le bois
wood

les feuilles
leaves

le scarabée
beetle

les châtaignes
chestnuts

la brindille
stick

les chenilles
caterpillars

les bourgeons
buds

le tronc d'arbre
trunk

les noisettes
nuts

le lierre
ivy

les champignons vénéneux
toadstools

les racines
roots

A la ferme On the farm

la basse-cour
farmyard

l'abreuvoir
trough

le cheval
horse

la ferme
farmhouse

l'oie
goose

le pré
field

la clôture
fence

le cochon
pig

les porcelets
piglets

l'agneau
lamb

le mouton
sheep

la porcherie
pigsty

la chèvre
goat

le champ de blé
cornfield

la barrière
gate

le tracteur
tractor

la remorque
trailer

le taureau
bull

le veau
calf

la vache
cow

la poule
chicken

le poulailler
hen coop

le poussin
chick

l'écurie
stable

la mare
pond

le coq
cockerel

le chien de berger
sheepdog

les canetons
ducklings

la cane
duck

la grange
barn

la charrue
plough

la moissonneuse-batteuse
combine harvester

Les animaux familiers

Pets

l'écuelle
water bowl

la carapace
shell

la tortue
tortoise

les moustaches
whiskers

les perroquets
parrots

le bec
beak

les têtards
tadpoles

la queue
tail

le chat
cat

les plumes
feathers

le cochon d'Inde
guinea pig

les poissons
rouges
goldfish

les chiots
puppies

l'aquarium
fish tank

le collier
collar

la laisse
lead

l'os
bone

le poil
fur

la souris
mouse

le perchoir
perch

le chien
dog

la patte
paw

les chatons
kittens

le canari
canary

la cage
cage

la crinière
mane

la corbeille
basket

l'aile
wing

les griffes
claws

le sabot
hoof

le poney
pony

la perruche
budgerigar

39

Les animaux sauvages

Wild animals

le crocodile
crocodile

les écailles
scales

le pélican
pelican

le paon
peacock

le kangourou
kangaroo

le jaguar
jaguar

le dauphin
dolphin

la nageoire
fin

les cornes
horns

l'hippopotame
hippopotamus

la gazelle
gazelle

le requin
shark

le tigre
tiger

le chimpanzé
chimpanzee

l'autruche
ostrich

la girafe
giraffe

l'ours
bear

le lézard
lizard

le rhinocéros
rhinoceros

le pingouin
penguin

le dromadaire
camel

le panda
panda

l'ours polaire
polar bear

le koala
koala

le bison
bison

la défense
tusk

la trompe
trunk

l'éléphant
elephant

le lion
lion

le serpent
snake

le tatou
armadillo

le zèbre
zebra

41

Les jouets
Toys

l'ours en peluche
teddy bear

la boîte à surprises
jack-in-the-box

le sifflet
whistle

les billes
marbles

le landau de poupée
doll's pram

la voiture
toy car

le hochet
rattle

l'appareil photo
camera

le jeu de société
board game

la guitare
guitar

la toupie
spinning top

les soldats
soldiers

la poupée
doll

les dés
dice

le train
train set

le balloon
balloon

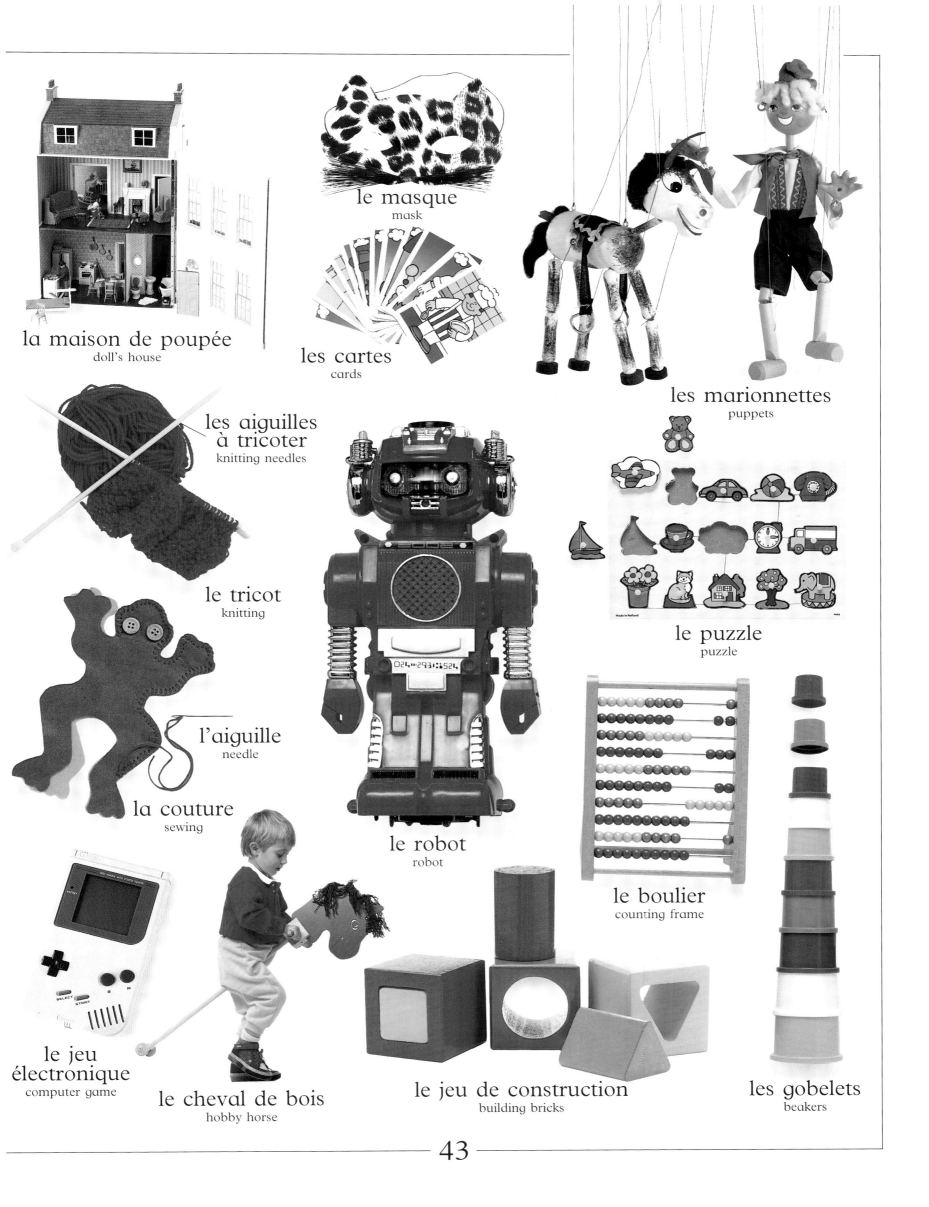

la maison de poupée
doll's house

le masque
mask

les cartes
cards

les marionnettes
puppets

les aiguilles à tricoter
knitting needles

le tricot
knitting

l'aiguille
needle

la couture
sewing

le robot
robot

le puzzle
puzzle

le boulier
counting frame

le jeu électronique
computer game

le cheval de bois
hobby horse

le jeu de construction
building bricks

les gobelets
beakers

43

A l'école
At school

la cour de récréation
playground

la pile
battery

l'aimant
magnet

la pâte à modeler
modelling clay

la flûte à bec
recorder

le dinosaure
model dinosaur

la carte du monde
map

l'archet
bow

le violon
violin

le piano
piano

le tambour
drum

le livre de musique
music book

le triangle
triangle

les cymbales
cymbals

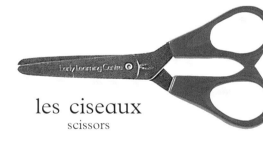
les ciseaux
scissors

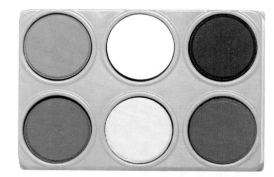
la peinture
paints

le pinceau
paintbrush

44

les lettres de l'alphabet
alphabet letters

la maîtresse
teacher

écrire
write

les livres
books

le globe terrestre
globe

la colle
glue

la craie
chalk

le tableau
blackboard

les chiffres
numbers

le crayon
pencil

le calendrier
calendar

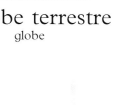

la gomme
rubber

le chevalet
easel

les feuilles
paper

dessiner
draw

les crayons de couleur
crayons

peindre
paint

la règle
ruler

45

A la mer
At the seaside

le drapeau
flag

les vagues
waves

le coquillage
shell

le château de sable
sandcastle

les poissons
fish

les algues
seaweed

les galets
pebbles

le moulin
à vent
toy windmill

le sable
sand

les rochers
rocks

la bouée
rubber ring

le port
harbour

la chaise longue
deckchair

la falaise
cliffs

la mer
sea

la plage
beach

l'étoile de mer
starfish

les flotteurs
armbands

les lunettes de soleil
sunglasses

le cornet de glace
ice-cream cone

le phare
lighthouse

la parasol
beach umbrella

les mouettes
seagulls

le crabe
crab

le maillot de bain
swimsuit

le ballon
beach ball

la pelle
spade

l'anse
handle

le chapeau
sun hat

la voile
sail

le seau
bucket

les fonds marins
rock pool

le voilier
sailing boat

47

L'heure, la météo, et les saisons
Time, weather, and seasons

le jour
daytime

le petit déjeuner
breakfast-time

l'heure du jouer
playtime

le déjeuner
lunchtime

l'heure de se coucher
bedtime

la nuit
night-time

le dîner
dinner-time

Les jours de la semaine
Days of the week

dimanche Sunday	**jeudi** Thursday
lundi Monday	**vendredi** Friday
mardi Tuesday	**samedi** Saturday
mercredi Wednesday	

Les mois de l'année
Months of the year

janvier January	**mai** May	**septembre** September
février February	**juin** June	**octobre** October
mars March	**juillet** July	**novembre** November
avril April	**août** August	**décembre** December

La météo Weather

le soleil
sun

le nuage
cloud

l'arc-en-ciel
rainbow

la pluie
rain

la flaque d'eau
puddle

le bonhomme de neige
snowman

le vent
wind

la neige
snow

Les saisons
Seasons

le printemps
spring

l'été
summer

l'automne
autumn

l'hiver
winter

Les sports

Sports

le football américain
American football

le patinage
skating

le patin à glace
ice skate

le casque de football
américain
helmet

le ballon de football
américain
American football

les volants
shuttlecocks

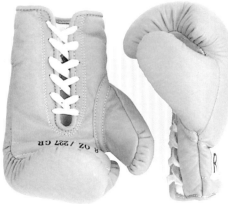
les gants de boxe
boxing gloves

les fléchettes
darts

skier
ski

les skis
skis

la raquette
de badminton
badminton racquet

l'épuisette
fishing net

l'équitation
horse riding

la canne à pêche
fishing rod

le basket-ball
basketball

la raquette
de tennis
tennis racket

le tennis
tennis

le filet
net

MINERVA SUPREME

5

le ballon de football
football

la batte
de cricket
cricket bat

la batte
de base-ball
baseball bat

la raquette de tennis de table
table-tennis bat

le cyclisme
cycling

le football
football

le masque
mask

les quilles
skittles

la voile
yacht

le tuba
snorkel

le base-ball
baseball

le club de golf
golf club

Slazenger FLEX

la crosse de hockey sur gazon
hockey stick

— 51 —

Les mots d'action Action words

lire
reading

compter
counting

manger
eating

boire
drinking

prendre dans ses bras
picking up

serrer dans ses bras
hugging

pleurer
crying

balayer
sweeping

donner
giving

prendre
taking

pousser
pushing

tirer
pulling

regarder
looking

murmurer
whispering

crier
shouting

écouter
listening

parler
talking

montrer
pointing

être debout
standing

être assis
sitting

rire
laughing

sourire
smiling

embrasser
kissing

courir
running

marcher
walking

porter
carrying

dormir
sleeping

s'étendre
lying down

marcher à quatre pattes
crawling

Les mots de jeux Playtime words

sauter
à la corde
skipping

donner un coup
de pied
kicking

taper
hitting

s'amuser
playing

grimper
climbing

construire
building

danser
dancing

poursuivre
chasing

sauter sur
un pied
hopping

tomber
falling over

sauter
jumping

souffler
blowing

lancer
throwing

attraper
catching

se cacher
hiding

pédaler
riding

Les mots de livre d'histoires
Storybook words

le dragon
dragon

l'armure
armour

le chevalier
knight

les rennes
reindeer

le traîneau
sledge

le père Noël
Father Christmas

le chef indien
Indian chief

le pirate
pirate

la couronne
crown

la cape
cloak

le dinosaure
dinosaur

le cow-boy
cowboy

la fée
fairy

le monstre
monster

le roi
king

la reine
queen

l'épée
sword

la baguette
magique
magic wand

le château
castle

la sorcière
witch

le prince
prince

la princesse
princess

le magicien
wizard

le géant
giant

le haricot
magique
magic beanstalk

le balai
broomstick

la citrouille
pumpkin

55

Les couleurs et les formes Colours and shapes

Les couleurs
Colours

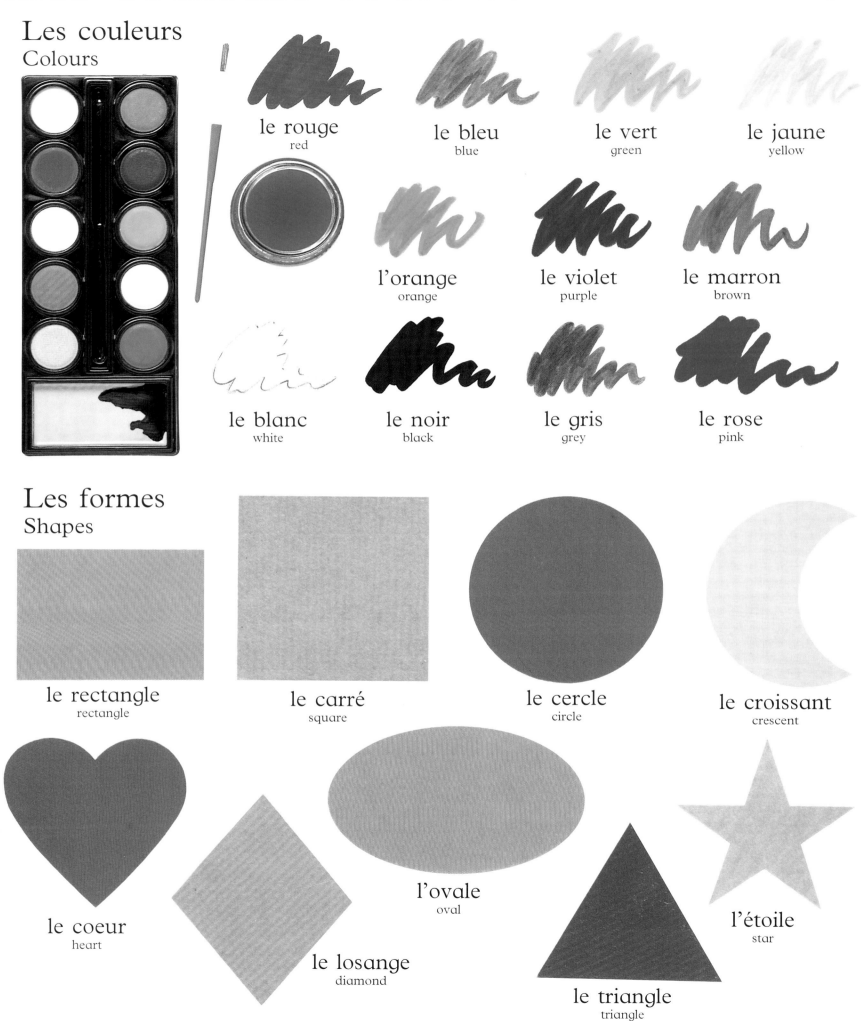

le rouge
red

le bleu
blue

le vert
green

le jaune
yellow

l'orange
orange

le violet
purple

le marron
brown

le blanc
white

le noir
black

le gris
grey

le rose
pink

Les formes
Shapes

le rectangle
rectangle

le carré
square

le cercle
circle

le croissant
crescent

le coeur
heart

le losange
diamond

l'ovale
oval

le triangle
triangle

l'étoile
star

Les nombres Numbers

un
one

deux
two

trois
three

quatre
four

cinq
five

six
six

sept
seven

huit
eight

neuf
nine

dix
ten

onze
eleven

douze
twelve

treize
thirteen

quatorze
fourteen

quinze
fifteen

seize
sixteen

dix-sept
seventeen

dix-huit
eighteen

dix-neuf
nineteen

vingt
twenty

Les mots de position

Position words

dedans
in

au-dessus
above

entre
between

au-dessous
below

sur
on top

loin
far

près
near

à côté
next to

derrière
behind

devant
in front

58

en haut
up

en bas
down

le plus
haut
top

le plus bas
bottom

à l'intérieur
on

hors de
off

par-dessus
over

par-dessous
under

premier
first

deuxième
second

troisième
third

quatrième
fourth

Les contraires

Opposites

lisse
smooth

mince
thin

épais
fat

rugueux
rough

rapide
fast

triste
sad

heureux
happy

doux
soft

dur
hard

lent
slow

réveillé
awake

plein
full

vide
empty

mouillé
wet

sec
dry

endormi
asleep

gauche
left

gros
big

petit
small

ouvert
open

fermé
shut

devant
front

derrière
back

léger
light

lourd
heavy

vieux
old

nouveau
new

long
long

court
short

haut
high

bas
low

chaud
hot

froid
cold

droite
right

propre
clean

sale
dirty

61

English index

Index en français

Additional Design
David Gillingwater, Mandy Earey
Additional Photography
Jo Foord, Steve Gorton,
Paul Bricknell, Philip Dowell,
Michael Dunning, Stephen
Oliver, Steve Shott, Jerry Young
Dorling Kindersley would
like to thank Helen Drew
and Brian Griver for their
help in producing this book.